10년 후

10년 후

초판 인쇄 I 2023년 9월 22일
초판 발행 I 2023년 10월 20일

지음 I 박진희
펴낸곳 I 유니크패밀리
펴낸이 I 김성민
북디자인 I 김진희
영업 마케팅 I 김명자

출판등록 I 2013년 7월 26일 (제2014-21호)
주소 I 대전광역시 서구 대덕대로 249번길 30(둔산동, 베스트피엘씨빌딩)
전화 I 070-7426-4000
전자우편 I ucs114@naver.com

ISBN I 979-11-966114-5-3 (03320)

이 책은 저작권법에 따라 보호받는 저작물이므로 무단 전재와 무단 복제를 금하며,
책 내용의 전부 또는 일부를 이용하려면 반드시 유니크패밀리의 서면 동의를 받아야만 합니다.
책 값은 뒤표지에 있습니다.

10 YEARS LATER

10년 후

하루 2시간 투자로 경제적 자유를 얻는 방법
박진희 지음

"기회가 왔을때 기회를 잡아라!"

유니크 패밀리

차 례

1장

- ◇ 프롤로그   09
- ◇ 10년 전, 그리고 지금 : 바뀐 세상, 변하지 않는 우리   15
- ◇ 사회의 천적과 대결하며 성장한다   17
- ◇ 스태그플레이션과의 사투, 우리가 할 수 있는 것   19
- ◇ 비커 속의 개구리처럼 : 변화를 모르는 사람들   21
- ◇ MZ 세대의 투자 패러다임 : 차보다는 미래를 구매하라   23
- ◇ 오늘날의 베이비부머 세대 : 변화에 드리워진 그림자   25
- ◇ 기대했던 노후 연금, 현실은 어떠한가?   27
- ◇ 새로운 테크놀로지 : 당신의 미래는 어떠한가?   29
- ◇ 포노 사피엔스의 미래 : 단순한 사용자에서 창조자로   31
- ◇ 저출산의 신호 : 젊은 세대의 미래, 어른들은 얼마나 이해하나   33
- ◇ 더 이상 철밥통은 없다 : 직업의 시대에서 살아남는 법   35
- ◇ 자영업의 무자비한 실상 : 준비 없는 도전은 모험이다   37
- ◇ 대기업의 그림자 속에서 펼치는 소비자의 선택   39

2장

◇ 미리 판단 마라 : 직접판매 시장의 본질을 이해하자   45

◇ 다가오는 10년, 후회 없는 선택을 위한 지금의 준비   47

◇ 부자가 되거나 부도가 나거나 : 선택은 당신의 의지에 달려 있다   49

◇ 제조는 능력, 유통은 선택이다 : 미래는 당신이 만든다   51

◇ 헬스케어 시장은 전문성 : 미래를 향한 명쾌한 가이드라인   53

◇ 선택이 성공이다   55

◇ 기준을 두고 선택하라 : 미래를 바꾸는 6가지 원칙   57

◇ 인큐텐 : 미래를 쓰다   61

◇ 경쟁력의 새로운 지평   65

◇ 워킹푸어 : 시간이 지나도 우리는 노예가 될 것인가   67

◇ 베이비부머 세대의 선택이 미래를 바꾼다   69

◇ 지식과 확신 : 네트워크 마케팅에서의 성공은 선택이다   71

◇ 에필로그   75

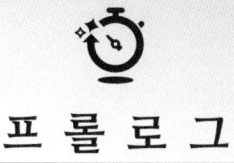

프롤로그

    과거를 알고 현재를 이해하는 사람만이 미래를 예측할 수 있다. 이 책은 과거와 현재, 그리고 다가올 10년 후의 삶에 대한 근본적인 질문에 답을 제시한다. 전달하고자 하는 메시지는 단순하면서도 근본적으로 중요하다. 변화의 흐름을 이해하고 적응해야만 진정한 성공과 미래의 안정을 얻을 수 있다.

    대다수의 사람들은 미래의 불확실성에 두려워하며, 어제와 같은 방식으로 오늘을, 오늘과 같은 방식으로 내일을 대처한다. 그러나 변화를 받아들이지 않고 고정된 생각으로 살아간다면, 노력과 시간에 비해 원하는 결과를 얻지 못할 것이다.

생각해 보자. 대다수가 정부나 기업, 정치인의 말에 귀를 기울이며 살아가지만, 결국은 노후에 '워킹 푸어(Working Poor)'가 되어 안타깝게도 그 노력이 미래의 안정을 보장하지 못한다. 지난 수십 년간의 노력과 희생에도 불구하고, 중산층은 줄어들고 불평등은 더욱 심화되고 있다.

특히 현시대의 젊은 세대는 부모 세대보다 더 나은 삶을 꿈꾸기 어려운 현실에 직면하고 있다. 이러한 상황에서 "지금이라도 행복하게 살자"라는 생각이 확산되고, 부족함을 메우기 위해 추가로 일을 하며 살아가는 사람들이 늘고 있다.

이 책은 변화를 받아들이고, 미래를 위한 명확한 목표와 전략을 가진 사람들에게 희망의 메시지와 해법을 제공한다. '경제적 자유와 시간적 자유'를 얻을 수 있는 핵심 원칙과 키워드를 담고 있다. 노력과 전략이 만나 결실을 맺게 하는 그 길을, 이 책을 통해 찾아보길 바란다.

10년 후

10년 전, 그리고 지금:
바뀐 세상, 변하지 않는 우리

 과거에는 부모님으로부터 독립하면 모든 문제가 해결될 것이라는 희망을 가지고 사회에 첫 발을 들여놓았다. 12년 동안의 교육은 우리에게 그런 자신감을 심어주었다. 그 자신감은 우리가 꿈을 이룰 수 있을 것이라는 믿음으로 이어졌고, 그 믿음은 마냥 즐거운 시간을 보내게 했다. 하지만 사회에 진출하고 나니, 세상이 그리 호락호락하지 않다는 것을 깨닫게 되었다.

 마치 시간을 되돌릴 수 없다는 것처럼, 뒤돌아보면 이미 흘러간 시간은 많다. 과거의 열정도 어느 정도 시들어

버린 현실을 마주한다. 지금, 끊임없는 경쟁 속에서 자신의 자리를 지키기 위해서는 더 낮은 급여를 수용하거나 지속적으로 지식을 얻어야만 한다. 방심한다면 다른 경쟁자가 그 자리를 차지하게 될 것이고, 또다시 기준을 낮추어야만 할 것이다. 그러나 이 모든 것이 우리의 삶을 의미 없게 만드는 것은 아니다. 과거의 희망과 현재의 현실 사이에서, 여전히 우리는 꿈을 꾸고 노력할 수 있다. 당신이 처한 상황이 어떻든, 그 속에서도 빛을 발할 수 있는 기회는 분명 존재한다. 우리는 여전히 그 기회를 찾아 나아갈 수 있다. 변화하는 세상 속에서도, 변하지 않는 것은 우리의 노력과 희망이다. 그것이 바로 10년 전과 지금, 그리고 앞으로도 변하지 않을 우리의 가치다.

사회의 천적과
대결하며 성장한다

우리가 자라면서 배운 천적의 개념은 대개 동물이나 곤충의 세계, 먹이 사슬에 국한되어 있다. 하지만 성인이 되어 부모님으로부터 독립하고 사회생활을 시작할 때, 인간 사회 속에서도 천적이 있다는 것을 깨닫게 된다. 부모님의 보호 아래에서는 많은 문제들이 해결되곤 했다. 그러나 독립을 한 후, 자신에게 다가오는 문제와 해결해야 할 과제가 하나둘씩 늘어난다. 이 모든 것은 마치 천적처럼 헤쳐 나가야만 하는 일이 되곤 한다.

스트레스는 때로 감당하기 어렵게 다가오고, 직장 생활

에서 못된 상사를 만난다면 그 고통은 더욱 극심해진다.

정해진 업무와 정해진 틀 속에서 살아가며, 상사의 마음에 들지 않으면 그 결과는 나에게 역효과가 될 수 있다.

직장이 갑자기 감옥처럼 느껴질 때도 있다. 그럼에도 경제적 부담을 생각하면, 마음처럼 쉽게 떠나지도 못한다. 자영업을 시작한다 해도, 새로운 경쟁과 스트레스는 끝이 없다. 성공 확률은 낮고, 장애물은 끊임없이 다가온다.

그렇다고 해서 비관만 할 수는 없다. 꿈을 이루기 위해서는 매일 새로운 목표를 설정하고, 계획한 미래를 위해 전진해 나가야만 한다.

사회의 천적을 만나는 것은 불가피하다. 하지만 그 천적을 극복하고 이겨내는 과정 속에서 역설적이지만 우리는 더 강해진다. 이것이 바로 성장의 시작이며, 이러한 성장을 통해 우리는 더 나은 미래를 만들 수 있다. 천적과의 대결은 결국 우리 자신을 더 높은 곳으로 이끌어주는 계기가 될 것이다.

스태그플레이션과의 사투, 우리가 할 수 있는 것

첫 직장, 첫 월급을 받았을 때의 그 행복은 잊을 수 없다. 그러나 시간이 지날수록 월 소득이 증가했을지라도 지출은 더욱 급격히 증가했다. 물가 상승과 함께 우리의 소득 증가율이 뒤처지니 이제는 하고 싶은 것, 사고 싶은 것, 먹고 싶은 것까지 제한을 둬야 하는 현실에 직면하게 되었다. 돈을 더 벌어보려 해도, 지출은 계속 커져만 간다. 동료나 친구들의 생활 수준을 따라가려다 보면, 결국 할부와 대출의 늪에 빠지게 된다. 이는 물가 상승이 소득 증가를 압도하기 때문인데, 이런 인플레이션을 일반 직장인이나 자영업자가 어떻게 극복할 수 있을까? 50년 전에는 경부고속도로 건설 사업에도 500억이 채 들지 않았지만, 지금은 아파트 한 동을 지으려고 해도 500억 이상이 필요하다.

경제학자들은 미래에는 스태그플레이션을 대비해야 한다고 겁을 주고 있다. 스태그플레이션은 물가가 오르면서 소득이 떨어지는 현상이다. 인공지능과 자동화 산업의 발전에 따라 실업률은 더욱 증가할 가능성이 있으므로, 이 역시 우리에게 현실적인 위협으로 다가올 수 있다. 하지만 이 모든 어려움 속에서도 희망은 존재한다. 그 어려움을 극복하고 더 나은 미래를 만들 수 있는 것은 바로 우리 자신이다. 현실을 부정하지 않고 적극적으로 대응하는 방법을 찾아야 한다. 스태그플레이션과의 사투는 우리가 성장하고, 끊임없이 배우며, 더 나은 미래를 위해 노력하는 과정에서 이루어진다. 이는 경제 현상을 넘어 우리 각자의 삶과 밀접하게 연결되어 있다. 이 싸움에서 이기는 것은 단순히 금전적인 문제를 해결하는 것 이상의 의미를 갖는다.

비커 속의 개구리처럼:
변화를 모르는 사람들

어느 실험실에서 두 개의 비커에 각각 개구리를 넣어 실험을 진행했다. 하나의 비커에는 뜨거운 물이 가득 차 있었고, 다른 하나의 비커에는 온도가 서서히 상승하는 물이 담겨 있었다. 뜨거운 물속의 개구리는 즉시 위기를 감지하고 뛰쳐나왔다. 그러나 천천히 온도가 오르는 물속의 개구리는 변화를 인식하지 못하고 결국 비커 안에서 생명을 다하게 되었다. 이 실험은 우리 인간의 상황과 무척 닮아 있다. 대부분의 사람들은 미래에 무슨 일이 벌어질지 예상하지 못하고, 변화에 적응하지 않으려 한다. 현실에 안주하거나 과거의 지식만으로 현재를 살아가는 경우가 많다. 만약 오늘도 어제와 똑같은 생각을 하고 행동을 한다면, 더 나은 미래를 기대하기는 어렵다. 새로운 일이나 직업에 대한 비난만 하며 내일을 준비하지 않는다면, 내일도 오늘과 다를 바 없다는 것은 자명한 이치일 것이다.

위험은 느껴지지 않을 때 가장 가까이 다가온다. 천천히 변화하는 상황에서도 위기를 미리 감지하고 대비하는 것은 생존에 아주 중요하다. 비커 속의 개구리처럼 삶에서 변화를 무시하면, 위험은 서서히 우리를 에워싼다. 변화를 받아들이고 적응하는 것이 오늘을 더 나은 내일로 이끌 수 있는 유일한 방법이다. 이에 대한 경각심을 가지고 변화를 맞이하라. 그렇지 않으면 우리 모두는 천천히 올라가는 물 온도를 느끼지 못하는 비커 속의 개구리가 될 위험이 있다.

MZ세대의 투자 패러다임:
차보다는 미래를 구매하라

요즘 젊은 세대는 평생 집 한 채 마련하기가 어려운 시대에 살고 있다. 이런 상황에서 불가피하게 많은 이들이 미래에 대해 패닉에 빠져 현실 만족형으로 변하고 있다. 집은 구매할 수 없더라도, 괜찮은 차는 살 수 있는 상황이다. 이로 인해 '카푸어'라는 새로운 패러다임이 생겨나고 있다. 이는 본인의 능력에 비해 과도하게 비싼 차를 구매하는 현상을 말한다. 이전 세대, 즉 우리 부모님들은 차를 '승차감'으로 바라보았다면, 현재의 젊은 사람들은 차를 '하차감'으로 바라본다. 즉, 차에서 내릴 때 어떤 이미지를 보이냐가 중요하다는 것이다. 이렇게 생각하는 사람들

중 많은 이들이 리스나 할부로 차를 구매하고 있다.

20년 전에 저자가 쓴 책에서 언급했듯이 부자는 집을 사고, 가난한 사람은 차를 산다. 이제 그 말은 현실이 되었다. 차는 시간이 지남에 따라 가치가 떨어지지만, 집이나 부동산은 시간이 지나면서 가치가 상승하거나 최소한 유지된다. 그럼에도 불구하고 많은 이들이 재산 가치가 떨어지는 차를 구매하는 현상이 일어나고 있다. 이러한 선택은 많은 사람이 경제적 어려움에서 벗어나지 못하는 주된 이유 중 하나일 수 있다. 생각의 패러다임을 바꾸지 않는다면, 10년 후에도 지금과 같은 상황에서 발을 동동 구르고 있을 것이다.

미국의 대통령이었던 도널드 트럼프는 다양한 부동산과 다단계 마케팅 회사에 투자하면서 재력을 늘려갔다. 어느 날 강연에서 청중이 "왜 다단계 회사를 홍보하나요?"라고 물었을 때, 그는 "그래서 당신은 거기에 있고, 나는 여기에 있다"라고 답했다. 트럼프가 대통령 선거에 출마했을 때, 그의 비즈니스 모델에 이의를 제기한 사람은 아무도 없었다. 이는 대한민국 국민이 경제적 지식을 키워야 한다는 점을 다시 한번 상기시켜 주는 사례이다.

오늘날의 베이비부머 세대:
변화에 드리워진 그림자

　벌써 수십 년 동안의 사회생활과 가족 형성을 거쳐 왔다. 자녀도 낳고 그들을 무럭무럭 키워 학업을 마쳐 가는 시점에 이르렀다. 그러나 새로운 걱정이 머릿속을 스쳐 간다. 그건 자녀들의 미래가 아닌, 바로 나 자신의 미래이다. 인간의 수명은 점점 길어지고 있지만, 뉴스에서는 불황의 이야기가 끊이지 않는다. 이제 나 자신을 위한 미래를 준비해야 하는 시점이 도래했지만, 현실은 그리 녹록지 않다.

　이전에는 자녀만 잘 가르치면 그만이라고 생각했다. 이

제는 자녀에게 기댈 수 없는 게 현실이다. 지난 수십 년 동안 세상은 빠르게 변했고, 나의 전망 좋은 일자리까지 사라져 버렸다. 과거의 일들은 쇠퇴하기 시작했고, 새로운 기술과 사업 분야는 따라가기가 점점 벅차게 느껴진다. 이러한 상황에 놓인 베이비부머 세대는 그야말로 기로에 선 상태이다. 그들은 평생 배운 기술이나 지식이 계속 유효할 것이라고 믿고 그것을 사회에서 활용해왔다. 하지만 세상은 우리가 생각하는 것보다 더 빠르게 변화한다. 식당에서는 로봇이 서빙을 시작했고, 자동차는 전기차로 변화를 맞이하고, 직장에서는 인간보다 인공지능과 슈퍼컴퓨터가 더 중요한 역할을 하게 된다. 과거의 기술로는 이제 점점 더 대처하기 어려운 세상에 직면하게 되는 것이 현실이다.

기대했던 노후 연금, 현실은 어떠한가?

1998년에 저자가 40년 후의 연금은 바닥을 보일 것이라고 예측했을 때, 아마도 많은 사람들은 그것을 믿지 않았을 것이다. 하지만 그로부터 약 25년이 지난 지금, 우리가 낸 연금에 대한 기대를 높이기는 어렵다. 이론상으로는 매달 급여에서 20만 원을 40년 동안 납부하면, 65세~70세에 이르러 매달 200만 원의 연금을 받게 될 것이라고 한다. 그런데 그 돈의 지급이 과연 우리가 세상을 떠날 때까지 지속될까? 연금이 어떻게 시작되었는지를 생각해 보면, 1880년대 독일에서 처음으로 도입된 국민연금은 당시 61세의 평균수명을 기준으로 했다. 이 복지제도는 65세 이상의 노인들이 세금으로 노후를 보장받게 하기 위한 것이었다. 하지만 이미 평균수명은 80세를 넘고, 100세 시대를 준비하고 있다. 어느 나라도 이런 상황에 대비한 준비가 충분하지 않기 때문에, 90~100세까지 살 수 있는 노후를 보장해 주겠다는 것은 어쩌면 허황된 꿈일 수 있다. 더욱이 대한민국의 연금 기관에서는 투자에 실패하여 손해를 본 사례들이 종종 보도되고 있다. 우리가 근심스럽게 모은 연금이 손해를 본다면, 그 미래에 어떠한 기대를 걸 수 있을까? 아마도 15년, 20년이 지나면 "각자도생"이라는 답변만이 돌아올 수도 있다.

새로운 테크놀로지:
당신의 미래는 어떠한가?

우리 자신이 발전하는 속도에 비해 현재 기술의 발전은 놀라울 정도다. AI, 챗봇 GPT, 전기차, 로봇 등의 신기술은 이미 우리 경제 활동에 적응하고 있다. 그 결과, 더 많은 사람들이 신기술에 밀려나고 있다. 얼마 전, 챗 GPT가 변호사 시험에 우수한 성적으로 합격했다는 소식이 있었다. 이는 단순한 시작에 불과하다. 5년, 10년이 지나면 이 기술은 더 많은 직업과 사회 전반에 적용될 것이고, 그때마다 인간은 직업에 대한 위협을 느끼게 될 것이다. 우리 아버지 세대가 컨베이어 벨트, 포크레인, 기차, 자동차,

전동 드릴, 산업 자동화 등 새로운 도구의 등장으로 직업을 잃어야 했던 것을 기억해야 한다. 이러한 변화는 단순한 고민거리가 아니다. 지금 당신이 어떻게 생각하느냐에 따라, 당신의 미래가 어떻게 바뀔 것인지를 결정짓는 중요한 문제일 수 있다.

사람은 다른 사람의 실수에는 관대하지만, 기계나 로봇의 실수에는 관대하지 않다. 예를 들어, 편의점 직원이 금액을 잘못 계산하거나, 식당에서 주문을 잘못 받는다면 대다수의 사람들은 이해하고 정정해달라고 할 것이다. 만약 컴퓨터가 금액을 잘못 계산하거나 주문을 잘못 받으면 대부분 이해하지 않으려 할 것이다. 최근에는 AI의 정확도가 98%에 이르렀고, 이는 단순히 2%의 오류율이 있다는 것을 넘어, 98%의 노동이 필요 없어질 수 있다는 뜻이다.

당신이 행복한 미래를 원한다면, 당신의 전문 분야가 미래산업의 변화에 어떻게 대응할 것인지, 또 경쟁자가 나타났을 때 어떻게 대처할 것인지 꼼꼼히 체크해야 할 것이다.

포노 사피엔스의 미래:
단순한 사용자에서 창조자로

앞서 언급한 것처럼, 신기술이 나의 일상과 무관하다고 생각하는 것은 위험한 오산이다. 이를 증명하는 가장 간단한 예가 바로 '포노 사피엔스(모든 인간이 스마트폰을 들고 있는 세대)'이다. 당신이 지금 손에 들고 있는 스마트폰은, 달에 착륙한 우주선을 작동시킨 당시의 슈퍼컴퓨터 100대보다 두 배 이상의 성능을 갖고 있다. 그런데 이 기적 같은 기기로 정작 우리가 하는 일은 무엇인가? 일부는 스마트폰으로 경제적 이익을 창출한다. 하지만 대부분은 이를 통화, 메시징, 웹 검색, 동영상 시청 등에 활용,

즉 '최종 사용자'로만 존재한다. 얼핏 보면 편리하고 유용해 보이지만, 그 안에 숨겨진 경제적 현실은 더욱 가혹하다. 우리는 이 기계를 제대로 활용하지 못하고 있으며, 부를 창출하지도 못한다. 앞으로 등장할 메타버스나 AI 같은 신기술이 경제를 주도하더라도, 우리는 그저 그 도구를 '사용자'로만 활용하게 될 것이다. 부를 창출하는 주체가 되기는 쉽지 않을 것이다. 특히 2000년 이전에 태어난 세대는 더욱 그렇다.

　이러한 현실은 단순한 통계나 데이터를 넘어, 우리 각자의 삶과 미래에 깊은 영향을 미친다. 기술의 빠른 발전이 우리에게 제공하는 기회와 동시에 위험을 실감하게 하는 순간이다. 기술을 단순한 도구로만 여기지 말고, 그것을 어떻게 나의 삶과 미래를 위해 활용할 것인지 깊게 생각하는 기회가 되길 바란다. 그렇게 해야 우리는 단순한 '사용자'에서 비로소 '창조자'로 거듭날 수 있을 것이다.

저출산의 신호:
젊은 세대의 미래, 어른들은 얼마나 이해하나

어른들은 자녀들이 결혼과 출산을 미루는 이유를 정말로 이해하고 있을까? 이제는 젊은 세대가 사회에 첫발을 디디는 평균 나이가 28~29세로, 그들의 부모 세대에 비해 약 10년이나 늦다. 더구나 과거 대학을 졸업하면 직장이 보장되던 시절과는 달리 이제는 원하는 직장을 찾기 위해 수십, 수백 번의 이력서를 제출해야 한다. 결혼을 위한 준비 자금만 5천만 원에 달하고, 이를 모으려면 매달 100만 원을 5년 동안 적립해야만 한다. 집을 살 자금은 아예 엄두도 낼 수 없다.

자녀 한 명을 키우는 데 필요한 비용은 현재 금전적 기준으로 약 3억 원이다. 이러한 경제적 부담을 감안할 때, 현실적으로 젊은 세대가 부모 세대보다 더 나은 삶을 누릴 가능성은 점점 사라지고 있다. 많은 경제학자들은 이 세대가 50세가 되었을 때 현재의 부모 세대보다 더 가난한 삶을 누릴 것이라고 조언한다. 그 결과, 한 해에 100만 명에 가까운 아이가 태어나던 대한민국의 현재 출산율은 25만 명에 그쳐 있다. 출산 비용부터 대학 졸업까지 경제적 지원을 할 능력이 상실되고 있다는 것, 이것이 저출산의 뼈아픈 현실이다.

더 이상 철밥통은 없다:
직업의 시대에서 살아남는 법

평생직장, 철밥통, 한 번의 취업으로 일생을 보장한다던 시절이 있었다. 그러나 이제 우리는 정규직이 62%, 비정규직이 38%에 육박하는 시대에서 살고 있다. '직장에 헌신하면 헌신짝이 된다'라는 말이 흔히 들리는 지금, 직장에서는 더 나은 실력자를 요구하고 실력에 미달되거나 내부 갈등이 생기면 다시 새로운 직장을 찾아야 한다. 지금이라도 깨어 있는 사람이라면, 미래에도 계속 일할 수 있는 자신만의 노하우를 터득해야 한다. 지금 배우고, 실행하고 있는 일이 10년 후, 20년 후에도 지속 가능해야 한다. 그 분야에서 끊임없이 자신의 기술과 지식을 개선하는 것은 당연한 일이 될 것이다. 그러나 대부분의 사람들, 약 90%에 가까운 수치는 현재의 직장이나 직업에 안주하며, 내일을 위한 지식이나 능력을 배우려는 의욕을 보이지 않는다.

미래는 우리가 생각하는 것보다 빠르게 변화하고 발전하고 있다. 다만 그것을 느끼지 못하고 있을 뿐이다. 쳇바퀴를 도는 다람쥐나, 물이 서서히 끓어오르지만 그것을 느끼지 못하는 개구리처럼 말이다. 이러한 무의식적인 안주가 우리를 고정시키고, 미래에 대한 준비를 소홀히 하게 만든다. 하지만 이제는 그럴 수 없다. 생존을 위해, 그리고 미래를 위해, 지금 바로 행동을 취해야 한다.

자영업의 무자비한 실상: 준비 없는 도전은 모험이다

대한민국에서는 자영업에 도전하는 사람들의 비율이 세계 1위 수준이다. 수천만 원에서 수억 원에 이르는 자금을 대출받아 가게를 시작하는 이들은, 오늘도 자신의 모든 것을 걸고 도전한다. 그런데 이러한 모험의 비율이 다른 나라에 비해 평균 5배나 높다는 사실은 놀랍다. 음식만 잘 만들면 성공하는 것이 아니다. 어떤 식당은 음식은 훌륭하지만 손님은 찾아오지 않는다. 문제는 가게 주인이 자신의 문제점을 전혀 인지하지 못한다는 것이다. 전 세계에 있는 맥도널드 매장의 수를 합한 것보다도 국내 치킨집이 2배나 더 많은 대한민국에서, 치열한 경쟁 속에서 장사나 자영업을 해야 하는 환경임에도 불구하고 자영업에 임하는 사람들은 대다수 그렇지 못한 경우가 많다. 선진국보다 5배 가까이 많은 대한민국의 가게나 식당이 얼마나 치열한 경쟁 속에서 어떻게 해야 헤쳐 나갈지 준비 없이 시작했다가 결국 더욱더 큰 빚을 지는 사례를 많이 보게 된다.

진심으로 묻고 싶다. 우리나라에 몇 개의 가게나 식당이 자식에게 대를 이어 물려줄 만큼 장수하고 있는가? 대부분은 그렇지 않다. 그렇기에 돈과 시간, 노력을 투자하기 전에 충분한 준비와 전문성을 갖추는 것이 중요하다. 아니면, 더 큰 빚과 후회만이 남을 것이다.

대기업의 그림자 속에서
펼치는 소비자의 선택

대한민국은 다양한 유통 경로를 통해 활기찬 소비 활동이 일어나고 있다. 백화점, 할인점, 홈쇼핑, 인터넷 쇼핑몰, 체인점, 재래시장, 방문 판매, 다단계 판매 등 선택의 폭은 넓다. 오늘날에 이르러서는 이런 다양한 유통 체계가 복잡하게 얽힌 결과, 제조와 유통의 비중도 크게 바뀌었다. 과거에는 제조 50%, 유통 50%의 비중이었지만, 지금은 제조 20%, 유통 80%로 쏠려 있다. 이러한 변화의 무대 뒤에서 눈부신 성과를 올린 사람들도 있다. 지금 빛나는 대기업들은 과거 허름한 창고에서 시작해 상당한 규모의 회사로 성장했다. 옥션, 쿠팡 같은 회사들은 불과 10년 만에 그 가치를 수십조 원에 달하게 몸집을 키웠다. 또 카페베네나 탐앤탐스 같은 프랜차이즈는 커피 하나로 국내뿐만 아니라 해외에서도 성장을 거듭하고 있다. 그러나 이 모든 것은 일상의 소비자에게 얼마나 닿아 있을까? 그 많은 유통 방식 중에서 일반인이 직접적으로 영향을 미칠 수 있는 부분은 소매 활동뿐이다. 대형 유통 구조에 참여하기란 하늘의 별을 따는 것보다 더 어려운 현실이다. 아이디어가 머리에 가득 차 있어도, 자본과 지식이 부족하면 그것은 그저 머릿속의 꿈에 불과하다.

10년 후

미리 판단 마라:
직접판매 시장의 본질을 이해하자

　　방문판매와 다단계판매에 대해 언급하면, 부정적이거나 회의적인 의견을 가진 사람들이 많다는 것은 흔히 알려진 사실이다. 그러나 왜 그런 시각이 형성되었는지는 자세히 들여다보아야 한다. 대부분의 사람들은 자신에게 이익이 될 때는 긍정적으로, 손해가 될 때는 부정적으로 생각한다는 본성을 가지고 있다. 교육기관 또한 대기업의 하도급 업체라고 할 수 있다. 졸업생들이 주로 고용되는 곳이 대기업이기 때문에 이러한 생태계에 부정적으로 대응하기는 어렵다. 방문판매나 다단계판매 회사들은 대기업들과 다른 유통 경로를 가지고 있다. 그들은 자체 판매 조직을 구성하고 TV나 언론 광고 없이 구전으로만 제품을 홍보한다. 언론은 다단계판매를 통한 사기나 부정유통에 대한 뉴스를 내보내지만, 이는 대중에게 포괄적인 불신을 심어준다. 반면, 주식이나 프랜차이즈 사기에 대한 비난이 있을 때, 전체 주식 시장이나 모든 프랜차이즈를 부정적으로 보지는 않는다. 법에서 정한 규정에 따라 합법적으로 운영하는 회사들은 불법 회사들 때문에 피해를 보지 않아야 할 것이다.

다수의 국민들이 경제 활동에 참여하고 열정과 노력으로 자신의 사업을 성장시킬 수 있는 방법이 무엇인지를 신중하게 고려해야 한다. 네트워크 마케팅이 이러한 가능성을 가지고 있다는 것을 알아볼 필요가 있다. 그러니 우리는 다단계판매와 방문판매에 대한 너무 빠른 판단을 삼가고, 그 본질과 가능성에 대해 더 깊이 이해할 필요가 있다. 이런 이해를 통해 우리는 무엇이 진정으로 '부정적' 인지, 그리고 어떻게 그 부정적인 요소를 해결할 수 있는지에 대한 새로운 통찰을 얻을 수 있다는 사실을 기억해야 한다.

다가오는 10년,
후회 없는 선택을 위한 지금의 준비

앞으로 10년은 먼 훗날 같아 보이지만, 실제로는 눈 깜짝할 사이에 찾아올 것이다. 지난 10년을 돌아보며 큰 성취를 이루지 못했다면, 다가오는 10년도 지금처럼 보낼 위험이 있다. 그 결과, 10년 후에는 오늘을 후회하며 살아갈 수도 있다. 10년 후에는 현재보다 훨씬 더 발전한 기술이 적용되며, 실업률도 현재보다 더 높아질 가능성이 있다. 불과 20~30년 전에는 일손이 부족해 사람들이 경쟁을 벌였던 시절도 있었지만, 이제 그런 이야기는 상식을 벗어나는 이야기가 되었다. 지금까지의 생각과 태도

로는 앞으로 예기치 못한 불행이 닥칠 위험이 있다.

이 말을 듣고 공감하지 않을 수도 있겠지만, 시간이 흐르고 나면 이해하게 될 것이다. 지금이라도 세상의 흐름을 읽고, 경제에 대한 이해를 넓히는 것은 중요하다. 새로운 지식을 배우고, 그 지식을 공유하는 것이 바로 앞으로의 10년을 윤택하게 보낼 수 있는 길이다. 이러한 준비는 단순히 앞으로의 생활을 향상시키는 것뿐만 아니라, 무엇보다도 나중에 후회하지 않기 위한 가장 중요한 단계라 할 수 있다.

부자가 되거나 부도가 나거나: 선택은 당신의 의지에 달려 있다

현대 경제에서 소득의 상위 10%는 나머지 90%의 소득을 압도할 정도로 높다. 그 비율은 상위 10퍼센트의 소득은 하위 50퍼센트 소득에 비해 무려 52배에 달한다. 이에 대한 논리는 단순하다. 평범한 사람이 소득 상위 10%에 도달하려면, 자신 혼자 일하는 대신 52명의 사람을 나를 위해 일을 해주어야 한다. 아니면 내가 운영하는 가게가 52개가 있다면 상위 10퍼센트 만큼 수익이 발생하지만 이 논리는 일반적인 사람들에게 적용되기는 거의 불가능한 이야기일 뿐이다. 이와는 반대로 네트워크 마케팅은 이

목표에 도달할 수 있는 하나의 길이다. 대부분의 사람들은 네트워크 마케팅을 시작할 때 소비자로서 출발한다. 꾸준한 교육과 노력을 통해 1~2년 만에 52명의 소비자와 사업가를 모을 수 있다. 하지만 사람들은 일반적으로 3~6개월 이내에 포기한다. 왜냐하면 성공이 빠르게 이루어지지 않기 때문이다. 이러한 포기는 의지의 부족에서 비롯된다. 저자 본인도 네트워크 마케팅을 시작해 몇 년 동안 역경을 겪었다. 2년 동안 한 지역을 지원했지만, 참여자는 겨우 3~4명이었다. 그러나 환경을 탓하지 않고 지속적으로 노력하고 자신을 개선했다. 그 결과, 아시아에서 가장 높은 수익을 창출하는 사업가로 거듭났고, 많은 사람에게 영감을 주는 존재가 되었다. 2~3년의 노력은 그리 길지 않다. 목표를 세우고 꾸준히 노력한다면, 목적지는 더 가까워질 것이다. 문제는 당신이 그 노력을 기울일 의지가 있는지, 없는지에 달려 있다. 부자가 되거나, 부도가 나거나, 결국 그 선택은 당신의 몫이다.

제조는 능력, 유통은 선택이다: 미래는 당신이 만든다

사람들에게 사업기회를 주면서 자주 듣게 되는 한마디는, "나에게는 능력이 없어." 하지만 이런 생각은 오해다. 능력이 아무리 뛰어나도 잘못된 선택을 했다면 성공하기 어렵다. 반면 능력이 부족해도 올바른 선택을 했다면 성공의 문은 열려 있다. 예를 들어, 능력이 있는 사람도 30년 전에 대우의 총판을 선택했다면 지금은 어려움에 처했을 것이다. 반면 능력이 좀 부족해도 삼성 총판을 선택했다면 지금은 상당한 부를 쌓았을 것이다.

제조 산업은 능력과 창의력이 있는 사람이 더 쉽게 성

공할 수 있는 반면, 유통 산업에서는 능력이 아닌 선택이 성공을 결정한다. 성공한 사람이 똑똑한 것이지, 똑똑한 사람이 꼭 성공하는 것은 아니다. 시대의 흐름을 이해하고 미래의 수요를 예측하는 안목이 필요하다. 예를 들어, AI, 메타버스, 안티에이징, 헬스케어 같은 분야가 미래에 성장할 것이라면, 이 분야에 투자하고 학습하는 것은 좋은 선택이 될 것이다. 또한, 사람의 평균수명이 60세에서 80세로 늘어나고, 20~30년 내에는 100세 시대가 올 것이라는 예측이 있다. 이런 변화에 따라 새로운 수요 시장이 생길 것이다. 그런 점에서 봤을 때, 미래를 예측하는 안목을 키우는 것은 매우 중요하다. 결국, 제조든 유통이든 선택은 당신의 몫이다. 능력도 중요하지만, 더 중요한 것은 미래를 어떻게 볼 것인가, 그리고 어떤 선택을 할 것인가에 달려 있다. 능력은 타고난 것일지 모르지만, 선택은 항상 당신의 손에 있다.

헬스케어 시장은 전문성:
미래를 향한 명쾌한 가이드라인

오늘날 다양한 유통 경로가 존재하며, 각 유통 방식에는 그에 맞는 전문성을 지닌 상품들이 판매되고 있다. 인터넷에서는 1~2만 원대의 제품이 가장 활발하게 판매되고, 프랜차이즈에서는 음식이 가장 잘 팔린다. 홈쇼핑에서는 겉모습이 화려한 제품이, 할인점에서는 묶음 할인이 명확한 제품이 인기를 끈다. 그런데 여기서 주목해야 할 것은 바로 직접판매 시장이다. 특히 건강기능식품은 전체 수요의 60% 이상을 차지하고 있어 이 시장의 중요성은 무시할 수 없다. 현재 6조 원에 이르는 건강기능식품 시장은 앞으로 20~30년 동안 200조 원의 산업으로 성장할 것이라는 예측이 있다. 이러한 예측은 건강기능식품을 주로 판매하는 직접판매 시장의 미래 성장 가능성을 상징한다.

"돈을 쫓기보다는 돈이 올 길목에서 있어라"라는 말처럼, 단순히 뜨거운 제품이나 시장을 쫓는 것이 아니라, 미래에 큰 성장이 예측되는 시장에 먼저 포지션을 잡는 것이 중요하다. 건강기능식품 시장이 그런 성장 가능성을 지니고 있으며 이것은 단순한 경제이론이 아니라, 우리 모두의 건강과 풍요로운 미래를 위한 청사진일 수 있다. 이렇게 미래를 대비하는 명쾌한 가이드라인이 바로 전문성이다. 전문성은 단순히 상품이나 서비스의 품질을 높이는 것이 아니라, 시장의 흐름과 미래를 읽어, 그에 맞는 전략을 세우는 능력에서 나온다. 그러므로, 건강기능식품 시장과 같이 미래의 큰 흐름을 읽을 수 있는 전문성을 지니고 있다면, 성공은 그저 시간문제일 뿐이다.

선택이 성공이다

네트워크 마케팅 사업, 혹은 어떠한 사업을 시작할 때 가장 중요한 것은 명확한 기준에서의 선택이다. '내 친한 친구가 하니까'나 '이게 유행이니까' 같은 애매한 이유로 선택을 하다 보면, 그 결정은 종종 실패로 이어진다. 실패한 후에는 자신감을 잃고, 지금까지 해 온 일에 대한 회의가 들게 된다. 이러한 위험을 피하고 자신이 원하는 목적지에 도달하기 위해선 지혜로운 선택이 필수이다. 아무리 자신이 옳다고 생각해도, 그 '옳음'은 상황에 따라 다를 수 있다. 커피숍을 예로 들자면, 어떤 브랜드를 선택해야 할까? 그 결과는 나중이 되어야 알 수 있다. 그러나 이미 시장이 포화상태라면, 그 사업의 성장 가능성은 크게 줄어든다. 따라서 미리 성장 가능성이 높은 브랜드나 회사를 선택하는 것이 핵심이다.

시간을 거꾸로 돌려 10년, 20년 후에 어떤 산업이 성장할 것인지 알 수 있다면, 선택은 더욱 쉬울 것이다. 하지만 현실적으로 그럴 수 없기에, 현재의 정보와 분석을 통해 미래에 성장할 가능성이 높은 사업 분야와 그곳에서 지속 가능한 성장을 만들어낼 수 있는 회사를 찾는 것이 우리의 몫이다.

기준을 두고 선택하라: 미래를 바꾸는 6가지 원칙

현대의 네트워크 마케팅 사업은 단순히 'N잡러'가 되는 것을 넘어, 사업의 성공을 위한 6가지 중요한 기준을 따르는 것이 필수이다.

① 트렌드와 미래의 수요

미래에 수요가 증가할 예정인 산업을 선택하는 것이 중요하다. 예를 들면, 미용산업보다 건강산업이 더 미래 지향적일 수 있다.

② 회사 경영진

건실한 회사와 네트워크마케팅에 대한 깊은 이해를 가진 경영진이 함께하는 곳이 바람직하다.

③ 제품과 서비스

회사가 혁신적인 기술과 연구 시설, 그리고 전문 연구원을 보유하고 있는지 확인하라.

④ 보상 체계

하위부터 상위까지 고르게 수익이 발생할 수 있도록 설계된 보상 체계가 있는지 알아보아야 한다.

⑤ 교육시스템

리더들이 체계적으로 운영하는 교육시스템과 전국적으로 활용할 수 있는지 그리고 사업에 필요한 자료가 잘 준비되어 있는지 확인하라.

⑥ 타이밍

성장이 둔화된 오래된 회사보다, 아직 널리 알려지지 않았으나 미래 성장 가능성이 높은 회사를 선택하는 것이 타이밍의 중요성을 높여준다.

기준을 두고 선택하는 것은 단순한 판단을 넘어, 우리의 미래를 책임지는 중대한 결정이다. 이 6가지 원칙은 그 선택을 뒷받침하는 지혜의 나침반이며, 이를 통해 우리는 성공의 문을 열 수 있다. 모든 것이 기준에 따라 달라지니 지금 바로 명확한 기준을 세우고 지혜로운 선택을 하라. 그 선택이 바로 당신의 미래를 빛내 줄 열쇠가 될 것이다.

인큐텐 : 미래를 쓰다

아직 네트워크 마케팅 분야에서는 생소할지 모르는 이름, 인큐텐은 팜젠사이언스와 한국생명공학 연구원의 지원을 받아, 대한민국에서 가장 빠르게 성장하는 네트워크 마케팅 회사로 자리 잡았다. 이미 30년 넘게 활동하는 120개의 네트워크 마케팅 회사가 있는 대한민국에서 18개월 만에 10위권에 껴들었다는 것만 봐도 그 파급력을 짐작할 수 있다. 옛날 어른들이 말했던 "될성부른 나무는 떡잎부터 알아본다"라는 표현이 딱 맞는 상황이다. 인큐텐은 다수의 판매 전문가들로부터 미래의 유망한 네트워크 마케팅 회사로 평가받고 있다. 그 이유를 모두 서술하기엔 지나치게 많은데, 중요한 것은 이 모든 것이 현실에서 일어나고 있다는 사실이다.

다가오는 대한민국 200조 웰리스 산업의 핵심 기술 중 하나는 '생체 이용률'일 것이다. 인큐텐은 건강 기능성 원료를 인체에 더 잘 흡수시키는 수용화 기술을 독자적으로 보유하고 있다. 소비자가 건강에 좋은 제품을 찾는 것은 결국 효과를 얻기 위함이다. 그 효과를 극대화할 수 있는 기술이 바로 생체 이용률을 높이는 것이다. 성장하려는 네트워크 마케팅 회사에 필요한 것은 모든 운영 시스템이 톱니바퀴처럼 서로 잘 맞는 것이다. 인큐텐에서는 회사와 리더들이 상호 소통과 협업을 통해 수많은 연구 인력과 함께 소비자의 니즈에 부응하는 제품을 지속적으로 개발하고 있다. 특히, 수용화 기술은 소비자의 요구에 맞는 효과적인 제품을 창출하는 데 있어 결정적인 역할을 하고 있다.

이 책을 소개한 분에게 자세한 정보를 얻어 본다면 좀 더 정확한 지식을 습득하는 데 도움이 될 것이다. 인큐텐이 그 어떤 기술과 전략으로 대한민국 네트워크 마케팅의 미래를 이끌고 있는지, 그 비결을 알게 되면 그 자체로 하나의 가치가 될 것이다.

경쟁력의 새로운 지평

모든 일의 시작과 끝은 다르다. 우리는 모두 무언가를 시작할 때는 그 결과가 긍정적일 것이라는 기대를 가진다. 그렇다면 어떻게 자신의 미래가 더 나아질 것인지 간단하게 진단할 수 있는 방법이 있을까? 그 기준 중 하나는 이렇다: 자신이 활동하는 분야나 사업에서 경쟁자가 증가하는지, 또는 높은 수준의 사람들이 지속적으로 들어오는지를 주목해 보라. 성공의 증거로 여겨지는 무언가 있다면 그것은 바로 경쟁자의 증가다. 성공은 신규 경쟁자를 끌어들이며, 이 경쟁자가 기술이나 서비스에서 자신을 앞지른다면, 결국 우리는 경쟁력을 잃게 된다. 이것은 불가피한 경쟁의 성질이다. 불투명한 미래가 다가오기 쉽다. 하지만, 네트워크 마케팅은 이러한 불안의 법칙에서 벗어난다. 이 사업모델에서는 분야에 참여하는 사람이 늘어나도 그것이 당신에게 피해를 주지 않는다. 오히려, 사람이 늘어날수록 당신의 수익도 함께 증가한다. 시작할 때는 작아 보이더라도, 시간과 노력을 꾸준히 투자한 사람에게는 그 미래가 점점 밝아진다. 이렇게 해서, 네트워크 마케팅은 시간이 지날수록 불안을 줄이고, 대신 행복과 안정을 더해주는 놀라운 사업 모델로 자리 잡고 있다.

   이런 이유로 네트워크 마케팅은 단순히 경쟁을 뛰어넘는 것이 아니라, 참여하는 모든 이에게 긍정적인 효과를 준다. 그래서 이것은 단지 사업이나 직업을 선택하는 것 이상의 의미를 가진다. 이것은 미래에 대한 새로운 비전을 제시한다.

워킹푸어:
시간이 지나도 우리는 노예가 될 것인가

　현재 한국에서는 직장인의 38% 이상이 비정규직이며, 60세 이상의 사람 중 4명 중 1명이 워킹푸어라는 충격적인 현실에 직면해 있다. 이러한 상황은 과연 어떻게 된 것일까? 대부분은 '좋은 일을 하려고 노력했다' 라고 자신을 위로할 것이다. 교수님의 조언을 들었고, 대기업과 정부, 심지어 언론의 권고사항에도 귀 기울였다. 그럼에도 불구하고, 생활이 점점 더 어려워지고 있다. 이대로 10년, 20년이 지나면 어떤 미래가 우리를 기다릴까? 이미 대기업은 거대한 상태로 끝없이 성장하고 있으며, 일반

시민은 물가 상승에 따른 소득 증가율을 따라잡지 못하고 있다. 지금은 4명 중 1명이 워킹푸어일 수 있지만, 10년 후에는 그 숫자가 더욱 늘어 3명 중 1명이 돈의 노예가 되어 있을 것이다.

우리나라에는 '만석꾼이 천석꾼의 것을 빼앗는다' 라는 속담이 있다. 이는 중산층이 점점 사라지고, 대다수의 사람들이 더욱더 가난해지고 있다는 냉혹한 현실을 담고 있다. 이제는 스스로 일어나, 스스로를 지키는 시대가 도래하고 있다.

이 글이 단순한 텍스트 이상의 의미를 담고 있길 바란다. "기회는 날아가는 새와 같다" 라고 했다. 기회가 오면 꼭 잡아라. 우리에게 주어진 시간은 한정되어 있으며, 무의미하게 보낸다면 그 시간은 영영 돌아오지 않는다. 지금 이 순간, 이 글을 읽고 있는 당신에게도 그런 기회가 있을 것이다. 그 기회를 붙잡고 미래를 바꿔보자. 체념하지 말고, 도전하라. 그렇게 해야 우리 모두가 더 나은 미래를 맞을 수 있을 것이다.

베이비부머 세대의 선택이 미래를 바꾼다

평균수명이 길어지고 인구 분포가 가분수 형태를 띠면서, 이제 노인이 젊은이보다 더 많아지는 시대에 접어들고 있다. 60세가 넘어도 아직 일할 나이로 볼 수 있고, 손자나 손녀를 볼 수 있는 이런 시대에서, 베이비부머 세대는 고민에 빠져 있다. 이 세대는 자녀 양육에 엄청난 비용과 시간을 지출했기에, 그 어려움을 너무나 잘 안다. 이제 그들은 자녀에게 짐이 되지 않기 위한 방법을 찾아야 하는 선택의 기로에 서 있다.

인큐텐의 사업 모델은 이러한 100세 시대의 복잡한 문제에 대한 해결책을 제시한다. 이 사업 모델은 단순히 문제를 해결하는 것을 넘어, 수많은 사람들에게 새로운 사업 기회를 제공한다. 그 결과, 당신이 몇 년 동안 꾸준히 노력한 것은 단순히 당신 자신의 삶을 바꾸는 것이 아니라, 당신의 자녀들, 심지어 그 이후 세대의 삶의 질까지도 상당히 향상시킬 것이다.

기회는 눈앞에 있다. 지금 이 순간, 당신이 취할 수 있는 결정 하나하나가 미래의 풍요로움을 결정짓는다. 더 이상 주저하지 말고, 이 기회를 붙잡아 당신과 당신의 자녀, 그리고 그 이후 세대의 미래를 밝게 만들어 보자. 이렇게 해야만, 베이비부머 세대는 자신들이 이 시대에 남길 수 있는 가장 소중한 유산을 확립할 수 있을 것이다.

지식과 확신:
네트워크 마케팅에서의 성공은 선택이다

 네트워크 마케팅을 성공으로 이끌기 위해선 업라인이 주관하는 모임에 참석하는 것이 핵심이다. 미팅에서 얻는 지식은 당신에게 확신을 주고, 그 확신은 상대방에게 다시 가치 있는 정보가 된다. 성공을 바라며 모임을 등한시하는 사람은 성공의 문은 닫혀 있다. 월급이 오를 것을 바라지만 출근조차 귀찮아하는 직장인이 있다면, 그 사람에게 그 직장은 적합하지 않다. 네트워크 마케팅은 일반 직장에서 얻는 수입을 몇 배, 혹은 몇십 배까지 늘릴 수 있는 엄청난 사업 기회다. 큰 투자를 했다고 해서 큰 사업이 되는 것이 아니다. 작은 투자로 큰 수익을 올리는 사업, 그것이 진정한 큰 사업이다.

  이 책의 내용을 이해하기 시작했다면, 이 정보를 제공한 사람과 더 자주 만나고, 더 가까이서 더 많은 지식과 정보를 얻어야 한다. 이 시간은 당신이 성공적인 사업을 창출하고 그 사업을 더욱 크게 성장시킬 수 있는 정보를 얻을 수 있는 소중한 기회가 될 수 있다. 기회는 날아가는 새와 같다. 그 기회를 놓치면 다른 사람에게 가버린다. 그래서 기회가 왔을 때, 그것을 잡아라. 그것이 바로 당신의 인생에서 터닝 포인트가 될 것이다. 지금 이 순간, 당신의 선택이 당신의 미래를 결정한다.

에필로그

　책을 읽고, 미디어를 통해, 그리고 모임에서 얻는 지식이 당신을 훌륭한 전달자로 만들 것이다. 그리고 훌륭한 전달자는 결국 훌륭한 설득자를 탄생시킨다. 훌륭한 설득자가 되면 더 밝고 풍요로운 세상을 만들 수 있다. 그러므로 우리는 더 많은 모임에 참여해야 하고, 더 많은 지식을 얻어야 한다. 그것이 훌륭한 전달자와 설득자를 만들기 위한 지름길이다.

　하지만 그 과정은 단순히 정보를 취득하는 것을 넘어선다. 그것은 당신이 얼마나 깊게 그 정보를 이해하고,

얼마나 정직하게 그 정보를 전달할 수 있는지에 달려 있다. 우리 모두가 언젠가는 영감을 주는 전달자, 마음을 움직이는 설득자가 될 수 있다. 그런 사람이 되기 위해선 단순히 정보를 알고 있는 것이 아니라, 그 정보를 어떻게 활용하고 전달하는지가 중요하다.

이 책은 당신에게 그 가능성을 제시한다. 지식은 힘이고, 그 힘을 올바르게 사용하면 당신은 무엇이든 할 수 있다. 당신의 미래는 당신의 손에 달려 있다. 오늘 당신이 얻은 지식과 경험을 어떻게 활용하느냐에 따라, 당신의 미래는 달라질 것이다. 천천히 그리고 꾸준히 지식을 쌓고, 그 지식을 다른 사람들과 공유하며 세상을 더 나은 곳으로 만드는 설득자가 되자. 그렇게 하면, 당신은 단순히 성공한 사람이 아니라, 의미 있는 삶을 살게 될 것이다.